I0529407

Les femmes musulmanes et le hijab;

Oppression ou libération

De la collection Sincere Seeker

Souvent, les médias dépeignent l'Islam comme une religion d'oppression, une religion qui opprime particulièrement les femmes. S'il est malheureusement vrai que certaines femmes musulmanes sont victimes d'oppression dans certaines régions des pays musulmans du monde entier, toute forme d'abus ou d'oppression émotionnelle, physique ou psychologique envers les femmes est condamnée dans notre foi et contrevient résolument aux principes et aux lois de l'islam. Cette oppression généralisée des femmes se produit dans de nombreuses régions du monde, indépendamment de la religion ou de la culture de l'oppresseur, pouvant même être athée dans sa foi. Toutefois, aucune loi islamique ne vient opprimer les femmes ; de plus, l'Islam affirme spécifiquement que les femmes ont le droit de mener une vie digne sans avoir à subir d'agression ou d'abus d'aucune sorte - tout comme les hommes. Le Saint Coran affirme que Dieu le Tout-Puissant a créé toutes les entités par paires, indiquant ainsi que les hommes et les femmes sont tous deux issus de la même espèce. Le prophète Mohammed, la paix soit sur lui, a précisé dans une narration que "*les femmes sont les soeurs jumelles des hommes*". Dans le Saint Coran, Dieu déclare que :

"Les hommes croyants et les femmes croyantes sont Auliya' (alliés, amis, protecteurs) les uns des autres"
(Coran 9:71)

L'Islam précise que les hommes et les femmes ont été créés dans un état pur et que tous deux sont égaux aux yeux de Dieu. Le seul véritable critère permettant de juger de la supériorité d'une personne à une autre est celui de la piété, de la conscience de Dieu et de la droiture.

"...En effet, le plus noble d'entre vous auprès d'Allah est le plus pieux d'entre vous..." (Coran 49:13)

Aussi bien les hommes que les femmes dans la foi islamique sont tenus de remplir les mêmes obligations de foi, d'adoration, de prière, de charité, etc., et - comme le souligne le Saint Coran - les femmes ne sont pas différentes des hommes dans leur dimension spirituelle. Les hommes et les femmes sont tous deux soumis à la récompense ou au châtiment de Dieu.

"Et quiconque, homme ou femme, fait de bonnes actions tout en étant croyant, entrera au Paradis et ne sera lésé en rien" (Coran 4:124)

Bien que les hommes et les femmes soient spirituellement égaux aux yeux de Dieu, les deux ne sont pas identiques et présentent de nombreuses différences biologiques, psychologiques et physiques - il ne serait donc pas raisonnable de comparer les rôles des hommes et des femmes. Les droits, les responsabilités et les rôles respectifs de chacun sont bien répartis, mais ne sont pas nécessairement les mêmes. Les hommes et les femmes assument des rôles différents dans la vie, et chacun est adapté à ce rôle par ses fonctions, telles que définies par la nature. En général, les hommes possèdent plus de force physique que les femmes, c'est pourquoi les hommes et les femmes participent à des compétitions athlétiques distinctes dans des sports exigeants comme la boxe ou le basket-ball.

"...Et l'homme n'est pas comme la femme..."
(Coran 3:36)

Ainsi, les femmes sont préparées à la procréation, alors que les hommes sont incapables de remplir cette fonction. D'autre part, l'homme est qualifié pour les combats sur le terrain en temps de guerre ; la nomination d'une femme pour combattre sur le terrain à la place d'un homme désavantagerait une armée.

Il ne faut en aucun cas interpréter ces différences dans le sens que les hommes sont supérieurs ou inférieurs aux femmes ; ces rôles sont plutôt attribués à la capacité naturelle et au bon fonctionnement entre les sexes. Les hommes et les femmes sont complémentaires, chacun existant pour permettre l'épanouissement de l'autre.

Les hommes et les femmes ont des préférences et des avantages distincts dans différents aspects. Le Saint Coran précise que les hommes ont un degré de supériorité sur les femmes. Les érudits islamiques évoquent ce verset pour expliquer que les hommes sont les gardiens des femmes et qu'ils doivent remplir toutes leurs obligations envers elles en termes de protection, de soutien et d'assistance. Ce Verset ne suggère pas que les hommes ont autorité sur les femmes. Au contraire, les femmes bénéficient en réalité de ce Verset. Le rôle de la femme est de réconforter et de soutenir son homme. Celui qui a créé les hommes et les femmes connaît les capacités, les faiblesses et les forces de chaque sexe.

À vrai dire, l'Islam fut la première religion à accorder aux femmes un statut dans la société. Auparavant, au sein de civilisations anciennes, telles que celles des Romains, des Grecs et des Babyloniens, les femmes étaient dénigrées, exploitées pour le plaisir, et traitées comme des biens ou prostituées. Certaines civilisations considéraient même les femmes comme des attributs du diable et les privaient de leurs droits les plus élémentaires. Certains peuples enterraient même les petites filles vivantes après leur naissance.

De plus, dans de nombreuses civilisations, les femmes étaient privées de leurs droits élémentaires d'héritage par les hommes et étaient considérées et traitées comme des biens transférables. Toutefois, l'Islam accorda aux femmes le droit de posséder des biens et de recevoir leurs héritages équitables de leurs proches. L'Islam accorda aux femmes le droit à l'éducation, le droit d'épouser qui elles veulent, de conserver leur nom de famille après le mariage, de divorcer, de travailler en dehors de la maison, le droit de gagner leur propre revenu en toute indépendance, de créer leur propre entreprise, de voter, tout cela à une époque où reconnaître de tels droits aux femmes n'était pas la norme. Dans l'Islam, le mari n'a pas le droit de toucher à l'argent de sa femme sans sa volonté, et il est obligé de subvenir à ses besoins et de couvrir les dépenses du ménage. L'Islam introduisit les droits d'une mère, d'une épouse, d'une fille, etc. dans les annales de la culture.

Au moment de la révélation du Saint Coran, ses Écritures condamnaient les attitudes sexistes et la discrimination à l'égard des femmes et, parallèlement, élevaient et valorisaient le statut des femmes, les honoraient et montraient comment elles pouvaient préserver l'honneur que Dieu leur a attribuées. À aucun moment dans le Saint Coran vous ne trouverez un verset qui rabaisse les femmes ou leur attribue un statut inférieur. Le Saint Coran consacre même un chapitre entier intitulé "*Les femmes*", alors qu'il n'existe aucun chapitre intitulé "Les hommes". Le Saint Coran contient également un chapitre intitulé "*Marie*", et elle est citée à plusieurs reprises tout au long du Livre sacré. La première personne à avoir embrassé l'Islam était une femme (Khadijah, l'épouse du Prophète). Le premier martyr de l'islam était également une femme.

Le Prophète Mohammed, que la paix soit sur lui, affirma dans un Hadith : '*Le plus accompli des croyants dans la foi, est celui avec le meilleur caractère parmi eux. Et les meilleurs d'entre vous sont ceux qui sont les meilleurs envers leurs femmes.' (At-Tirmidhi)* Nous apprenons d'une autre narration dans laquelle le Prophète Mohammed, paix soit sur lui, déclara : *'Quiconque a trois filles, ou trois sœurs, ou deux filles, ou deux sœurs et qu'il leur tient bonne compagnie et craint Allah à leur égard, alors le Paradis lui est destiné'(At-Tirmidhi)*

Traiter correctement ses parents, en particulier la mère, est hautement mandaté dans l'Islam et dans le Saint Coran. Le Saint Coran érige les mères en un statut très élevé et ordonne à tout un chacun de traiter sa mère avec le plus grand respect, la plus grande gentillesse, la plus grande tendresse, l'amour, la plus grande dévotion et le plus grand soin. Notre Prophète, la paix soit sur lui, a dit : *'Le paradis est sous les pieds de votre mère'*. Aussi, quand le Prophète Mohammed, paix sur lui, s'est vu demander par un compagnon : "*Quelle est la personne la plus digne de ma compagnie ?* Le prophète Mohammed, paix soit sur lui, répondit : "*Ta mère*". L'homme demanda ensuite : "*Qui ensuite ?*", et le Prophète Mohammed répondit : "*Ta mère*", et le compagnon répondit : "*Qui ensuite ?*". Le prophète Mohammed répondit à nouveau : "*Ta mère*", ce à quoi le compagnon ajouta :

"*Ensuite, qui ?*" Et enfin, le prophète Mohammed répondit :
"*Puis ton père*".

Si les médias dépeignent souvent les femmes musulmanes comme opprimées, faibles et soumises à leurs maris sur la base de leur apparence et de leur tenue vestimentaire, les vêtements des femmes musulmanes symbolisent leur libération de l'objectivation sociétale. Une musulmane est honorée dans l'islam et la charia (loi islamique). Bien souvent, les femmes non musulmanes s'habillent pour attirer l'attention du sexe opposé, alors que la femme musulmane cherche à s'habiller convenablement, modestement, et à attirer le moins d'attention possible dans un monde où le corps de la femme est toujours au centre de l'attention.

L'Islam érige en valeur celle qui se couvre, préservant son intégrité en ne se laissant pas traiter comme un objet sexuel ; en étant valorisée et jugée extérieurement sur la seule base de son apparence, plutôt qu'intérieurement sur sa droiture, son caractère, son esprit et son intellect. Une femme musulmane ne cherche pas à parer son corps pour les hommes, ni à se prostituer pour attirer l'attention d'autres personnes que son mari. Les femmes musulmanes admirent et s'identifient à Marie, la mère du prophète Issa, la paix soit sur elle, réputée pour sa piété, sa droiture, son caractère, sa foi en Dieu et sa modestie.

Dans la langue arabe vernaculaire d'aujourd'hui, le mot "*Hijab*" fait référence à un "foulard". Toutefois, dans la langue arabe classique et dans la langue du Coran, le terme "*Hijab*" fait référence à un rideau physique, un écran, une cloison ou une barrière, qui sépare une personne des autres lorsqu'elle se tient derrière ce rideau. La personne protégée par le Hijab ou se tenant derrière ce dernier couvre non seulement sa tête et tout son corps, mais également l'espace qui l'entoure. Selon le Saint Coran, ce type de voile représentait une couverture supplémentaire qui ne devait être adoptée que par les épouses du prophète Mohammed.

"…Et si vous leur demandez (à ses femmes) quelque objet, demandez-le leur derrière un rideau: c'est plus pur pour vos coeurs et leurs coeurs…" (Quran 33:53)

Non seulement les épouses du Prophète devaient couvrir leur tête et leur corps, mais elles étaient tenues de mettre une couverture ou un rideau devant elles pour couvrir leur espace lorsqu'elles parlaient à des personnes autres que leur mahram (une personne avec laquelle cet individu n'est pas autorisé à se marier en raison de leur lien de parenté, tel qu'un frère, un oncle, un neveu, etc.) Le Tout-Puissant, le Tout-Sage, a également établi des règles d'étiquette supplémentaires sur comment parler aux épouses du Prophète, en imposant une distance physique entre les femmes nobles et les gens ordinaires, à travers une barrière opaque, non transparente et impénétrable. Cette barrière offrait une intimité supplémentaire et symbolisait également leur statut élevé et leur dignité. Il est important de préciser que le sens classique du terme "*Hijab*" dans le Saint Coran n'est pas le même que celui que nous lui attribuons aujourd'hui. Le port du Hijab évoqué dans le Saint Coran n'était imposé à personne d'autre que les épouses du Prophète, comme le précise le Saint Coran. Quant à toutes les autres femmes musulmanes, le Coran leur ordonne explicitement de porter un foulard dans un autre verset.

" Et dis aux croyantes de baisser leurs regards, de garder leur chasteté, et de ne montrer de leurs atours que ce qui en paraît et qu'elles rabattent leur voile sur leurs poitrines; et qu'elles ne montrent leurs atours qu'à leurs maris, ou à leurs pères, ou aux pères de leurs maris, ou à leurs fils, ou aux fils de leurs maris, ou à leurs frères, ou aux fils de leurs frères, ou aux fils de

leurs soeurs, ou aux femmes musulmanes, ou aux esclaves qu'elles possèdent, ou aux domestiques mâles impuissants, ou aux garçons impubères qui ignorent tout des parties cachées des femmes. Et qu'elles ne frappent pas avec leurs pieds de façon que l'on sache ce qu'elles cachent de leurs parures. Et repentez-vous tous devant Dieu, ô croyants, afin que vous récoltiez le succès." (Quran 24:31)

Le Saint Coran utilise le mot "*Khamar*" pour parler d'un foulard - ce qui couvre votre tête. Le mot Khamar dérive du terme racine signifiant "couvrir quelque chose". Le mot Khamar est similaire au mot arabe Kha'mir, qui désigne l'alcool, dans la mesure où l'alcool altère l'intellect - on ne peut pas penser correctement sous l'influence de l'alcool, ce dernier créant une sorte de barrière entre l'esprit et le pouvoir de la parole et du raisonnement.

Dieu précise dans son Livre : "*Dis aux croyantes de porter leur Khomar (le pluriel de Khamar) sur leur poitrine comme pour jeter leur châle par-dessus et couvrir leur poitrine*". Ainsi, en plus de couvrir la poitrine, la tête doit également être couverte - puisque le fait de couvrir la tête est déjà sous-entendu par l'utilisation du mot Khomar dans ce verset.

Ainsi, les principes de base du Khamar impliquent que les cheveux soient couverts et qu'un tissu couvre la poitrine des femmes.

Alors qu'en général, les femmes de l'époque du Prophète portaient un foulard, certaines d'entre elles exposaient la région de leur poitrine en remontant leur foulard ; Dieu le Tout-Puissant leur a donc ordonné de couvrir également leur poitrine.

En plus de couvrir la tête, le cou et la poitrine, Dieu ordonne à la femme musulmane croyante de se couvrir d'un Jilbab - lequel fait référence à un vêtement extérieur ample qui ne circonscrit pas la forme de son corps et dissimule sa beauté. Cette consigne est valable dans le cas où une musulmane quitte sa maison ou se trouve en présence de personnes qui ne font pas partie de son mahram.

"Ô Prophète! Dis à tes épouses, à tes filles, et aux femmes des croyants, de ramener sur elles leurs grands voiles : elles en seront plus vite reconnues et éviteront d'être offensées. Allah est Pardonneur et Miséricordieux." (Coran 33:59)

Comme ces versets du Saint Coran sont très explicites et directs, aucun désaccord ou litige n'a été posé à cet édit par les représentants de l'érudition islamique dans le passé ; sauf lorsqu'il s'agit de savoir si les femmes doivent également se couvrir le visage et les pieds.

La raison première pour laquelle une femme musulmane porte le Hijab peut être attribuée à la croyance d'une musulmane que son véritable but dans la vie est d'adorer Dieu le Tout-Puissant selon Ses directives, telles qu'elles sont révélées dans la dernière révélation de Dieu à l'humanité, le Saint Coran, et à travers les enseignements du Prophète Mohammed, la paix soit sur lui, le dernier Messager de Dieu. Dieu a imposé le port du Hijab et a ordonné aux femmes croyantes de porter ce voile dans le Saint Coran. Ainsi, le porter est un acte de droiture et un acte d'obéissance à Dieu. Une femme musulmane porte le Hijab dans le but de plaire et de satisfaire son Maître.

L'enseignement fondamental de l'islam est que, peu importe ce que Dieu ordonne de faire, il est toujours préférable de suivre ce commandement, que l'on comprenne ou non la logique derrière. Une femme musulmane fait confiance à Dieu et fait ce qu'Il lui ordonne de faire, en ayant confiance que ce sera le mieux pour elle, puisque Dieu est mieux placé pour savoir ce qui est le mieux pour elle qu'elle ne l'est elle-même. Dieu est le Créateur de tout et il est l'Omniscient et le Très-Sage. Ce n'est que lorsqu'elle se soumet à Dieu et qu'elle obéit à Ses commandements qu'elle commencera à récolter les mérites et à ressentir la tranquillité ainsi que la satisfaction de sa vie ; puisqu'elle sait que Dieu est satisfait d'elle. En prenant en considération et en se soumettant aux exigences de Dieu, elle est libérée et n'est plus esclave ni prisonnière des contraintes et des désirs de la société.

"Quiconque œuvre à la droiture, homme ou femme, tout en étant croyant, nous leur accorderons sûrement une vie heureuse dans ce monde, et nous leur paierons sûrement leur pleine récompense (au Jour du Jugement) pour leurs bonnes œuvres." (Coran 16:97)

L'islam insiste sur la relation entre le corps et l'esprit. En couvrant son corps, une femme musulmane protège son cœur des impuretés spirituelles. Une femme musulmane porte le Hijab pour se conformer au code de pudeur de l'Islam. Le code de pudeur de l'islam s'étend à tous les aspects de la vie d'une personne, y compris sa tenue vestimentaire et ses manières de se comporter. La tenue vestimentaire d'une musulmane est une représentation extérieure de sa pureté, de sa beauté et de son humilité intérieures, tout comme le port du Hijab incarne la conduite morale, le caractère, les manières et la parole. Une femme musulmane veille à sa pudeur et n'attire pas l'attention inutile des gens, comme les regards complices, l'admiration, les louanges ou l'attirance sexuelle de toute personne autre que son mari.

Si cette attention peut brièvement booster l'ego d'une personne, la femme musulmane reconnaît que ce type d'attention peut avoir des conséquences à long terme, telles que la jalousie des autres, l'envie, la concurrence, les infidélités, un mauvais modèle pour les enfants, voire la destruction du mariage, comme nous le voyons si souvent en Occident et dans le reste du monde où il est courant de s'habiller de manière impudique. Une femme musulmane porte en elle le trait de caractère de *Ha'yaa* (modestie, pudeur et sens de la honte) et valorise sa beauté. Pour cette raison, elle se couvre d'un voile, le Hijab, détournant ainsi l'attention d'elle, la protégeant des regards indiscrets. Dieu ordonne également aux femmes de baisser leur regard en présence du sexe opposé, faisant ainsi preuve du trait de Haya (pudeur).

"Et dis aux croyantes de baisser leurs regards, de garder leur chasteté, et de ne montrer de leurs atours que ce qui en paraît ..." (Coran 24:31)

La femme musulmane est honorée dans l'islam et dans la charia (loi islamique). L'Islam érige en valeur celle qui se couvre, préservant son intégrité en ne se laissant pas traiter comme un objet sexuel ; en étant valorisée et jugée extérieurement sur la seule base de son apparence, plutôt qu'intérieurement sur sa droiture, son caractère, son esprit et son intellect. Une femme musulmane ne cherche pas à parer son corps pour les hommes, ni à se prostituer pour attirer l'attention d'autres personnes que son mari.

**"... elles en seront plus vite reconnues et éviteront d'être offensées. Allah est Pardonneur et Miséricordieux...."
(Coran 33:59)**

Aux termes de ce verset, une musulmane doit porter un Hijab et s'habiller modestement afin d'être reconnue comme une musulmane, une femme chaste et soucieuse de sa pudeur. Une musulmane fixe une norme pour elle-même et envoie un message à tous ceux qui l'entourent, montrant qu'elle n'est pas du genre à se vendre à bas prix et qu'elle connaît sa valeur, qu'elle est une femme forte, dotée de courage, de force intérieure et de force d'âme, et qu'elle est une musulmane pratiquante qui ne ferait de mal à personne, ne l'opprimerait pas et ne le tromperait en aucun cas. Le Hijab est une sorte de bouclier qui protège la femme musulmane contre les agressions, les moqueries, les humiliations et les taquineries. Non seulement elle porte un vêtement pudique pour se protéger, mais elle le porte pour protéger les hommes et la société en général.

En effet, contrairement aux idées préconçues, beaucoup supposent que le Hijab est porté uniquement pour refouler les envies des hommes. Les femmes ne sont pas responsables de contrôler le comportement d'un homme. Chaque homme est responsable et redevable de sa propre conduite et de ses actions. En effet, le Saint Coran ordonne également aux hommes de se montrer modestes, de baisser leur regard, de garder leur pudeur et de se conduire de manière raisonnable dans tous les aspects de leur vie. Dieu précise :

"Dis aux croyants de baisser leurs regards et de garder leur chasteté. C'est plus pur pour eux. Dieu est, certes, pleinement Conscient de ce qu'ils font." (Coran 24:30)

Le Saint Coran commande en fait aux hommes de faire preuve de pudeur d'abord, avant de parler aux femmes. Alors que beaucoup associent souvent le concept du Hijab au port d'un foulard, il ne s'agit là que d'une application du concept. Le Hijab est bien plus qu'un voile sur la tête, mais il s'agit du concept général d'être pudique et modeste dans tous les autres aspects de la vie.

Une directive similaire est énoncée dans la Bible : " *Vous avez appris qu'il a été dit : Tu ne commettras pas d'adultère[a]. 28 Eh bien, moi je vous dis : Si quelqu'un jette sur une femme un regard chargé de désir, il a déjà commis adultère avec elle dans son cœur.*" (Matthieu 5:27-28)

Dans le Saint Coran, le Tout-Puissant s'adresse spécifiquement aux femmes en leur demandant de ne pas montrer leurs parures, à l'exception de celles qui sont convenables et facilement apparentes, et de couvrir leur corps de leur voile en raison des distinctions physiques et biologiques existant entre les hommes et les femmes ainsi que de leurs modes d'attraction réciproque. Ce phénomène est évident dans le monde d'aujourd'hui, où l'exposition flagrante de l'attrait sexuel s'adresse en grande majorité aux hommes par opposition aux femmes - par des entreprises et des industries conscientes de la manière dont leur publicité et la vente de leurs produits influencent leur comportement d'achat.

Certains mouvements féministes et médias dépeignent le Hijab comme une représentation de l'oppression et de l'esclavage des femmes. S'il est malheureusement vrai que certaines femmes musulmanes sont opprimées même si cela va à l'encontre des préceptes de l'Islam, l'oppression générale des femmes se produit dans de nombreuses régions du monde, indépendamment de la religion ou de la culture de l'oppresseur, pouvant même être athée dans sa foi. Si l'on peut dire qu'un gouvernement ou un groupe de personnes particulier opprime en général les femmes, il est faux de dire pareil de l'Islam. Aucune loi islamique ne vient opprimer les femmes, qui ont pourtant pleinement le droit de mener une vie décente sans avoir à subir d'agressions ou d'abus d'aucune sorte.

Si les femmes jouissaient réellement des droits que Dieu leur a donnés, aucune forme d'oppression n'existerait comme c'est le cas aujourd'hui. Hélas, l'Islam n'est pas appliqué comme il devrait l'être - même en terre musulmane puisqu'ils ne respectent pas les véritables principes de l'Islam. L'islam honore les femmes ; or, malheureusement, à travers le monde, les femmes musulmanes sont victimes d'aberrations culturelles qui n'ont pas leur place dans la foi.

Une femme musulmane qui couvre ses cheveux ou qui place sa religion au-dessus des loisirs mondains est souvent qualifiée d'opprimée ; mais en réalité, l'oppression ne se définit pas par un bout de tissu sur la tête, mais plutôt par un affaiblissement du cœur et de l'esprit. La libération est synonyme de liberté, mais pas de liberté de faire ce que l'on veut. La liberté ne doit jamais se faire au détriment de soi-même ou des autres. Lorsqu'une femme musulmane remplit le rôle pour lequel elle a été créée, à savoir adorer Dieu, développer une véritable relation avec Lui, et suivre Ses commandements et Ses conseils, non seulement elle est libérée, mais elle est également émancipée et honorée. Elle se trouve libérée et délivrée des chaînes de la société, des pressions et des stéréotypes irréalistes et des images dictées par les médias. Les femmes musulmanes qui ont choisi de couvrir leurs cheveux et de s'habiller modestement considèrent cet acte comme un droit, et non comme un fardeau.

Le concept du Hijab n'est pas un concept propre à l'Islam. Les trois religions abrahamiques partagent de nombreuses croyances, y compris le concept de se couvrir les cheveux en public avec un voile. Les femmes juives et les religieuses catholiques avaient pour habitude de sortir en public la tête couverte. Il y a encore 40-50 ans, il était impensable pour une femme chrétienne de se rendre à l'église sans se couvrir la tête ni porter de jupe longue.

En effet, le concept selon lequel les femmes doivent se couvrir la tête se trouve dans la Bible, où il est précisé que la femme doit se couvrir la tête et que si elle montre sa tête découverte, elle manque d'honneur et doit se faire raser la tête : *"Toute femme, au contraire, qui prie ou qui prophétise, la tête non voilée, déshonore son chef: c'est comme si elle était rasée. Car si une femme n'est pas voilée, qu'elle se coupe aussi les cheveux. Or, s'il est honteux pour une femme d'avoir les cheveux coupés ou d'être rasée, qu'elle se voile."* *(1 Corinthiens: 11: 5-6)*

Contrairement aux passages similaires du Coran, Paul présente dans ce verset le voile comme un signe d'autorité de l'homme. Selon lui, une femme portant le voile le fait pour montrer sa subordination à l'homme. Cette conception sexiste de la femme qui se couvre la tête reflète l'influence de certains individus en Occident, lesquels considèrent que le Hijab est oppressif et un symbole d'infériorité et de dégradation. En effet, ils réagissent inconsciemment au concept judéo-chrétien du voile, qui est le symbole de la soumission de la femme à son mari. Cela n'est pas le cas dans l'Islam.

Le concept du Hijab s'accompagne de conditions obligatoires qui doivent être suivies par les femmes musulmanes. Ces conditions sont que tout le corps, à l'exception du visage et des mains, doit être couvert, et par des vêtements amples, non serrés, non transparents, et tous couvrants. La robe ne doit pas attirer l'attention ou faire ressortir le corps, ne doit pas être parfumée, et ne doit pas ressembler aux vêtements portés par les hommes ou les mécréants ; elle ne doit pas non plus être trop élégante ni ornementée.

Dieu a accordé une exception à cette règle à celles qui ne sont plus en mesure d'avoir des enfants, qui ne désirent plus se marier ou avoir des relations sexuelles, et qui ne peuvent plus éveiller les passions des hommes. Ces dames n'ont donc plus besoin de se couvrir au même degré que les autres femmes. Elles sont autorisées à retirer leur vêtement extérieur, appelé Jilbab en arabe.

"Et quant aux femmes atteintes par la ménopause qui n'espèrent plus le mariage, nul reproche à elles d'enlever leurs vêtements de [sortie], sans cependant exhiber leurs atours et si elles cherchent la chasteté c'est mieux pour elles. Dieu est Audient et Omniscient."
(Coran 24:60)

Le prophète de Dieu, paix sur lui, louait les femmes pudiques, qui préservent leur chasteté et la beauté qui leur a été accordée par Dieu. Le Prophète Mohammed, paix sur lui, a également maudit les femmes qui exhibent et affichent leur beauté en public, indiquant que ces femmes ne sentiront pas le parfum du Paradis. Notre Prophète, paix sur lui, nous a avertis que vers la fin des temps, on verra des femmes habillées pourtant nues et qui, abandonnant la droiture, seront enclines à faire le mal, induisant les autres en erreur - y compris leurs maris.

À mes chères sœurs croyantes, ne laissez pas les chuchotements de Shaytan (Satan) vous induire en erreur et vous égarer. Et ne laissez pas Satan vous éloigner de votre Créateur, le Tout-Miséricordieux, le Tout-Aimant. Vous devez accepter que vous n'êtes pas en mesure de négocier votre foi, quant à ce que vous devez accepter et ce que vous devez désapprouver. Vous devez vous soumettre pleinement et volontairement. Et sachez, mes chères sœurs, que vous êtes chanceuses et privilégiées de faire partie du peuple de La Ilaha Ila Allah (Il n'y a aucune divinité digne d'être adorée à part Allah). Ne tombez pas dans la procrastination, votre mort peut arriver à tout moment, mettant ainsi fin à l'épreuve de votre foi.

Le fait de ne pas porter le Hijab ou de ne pas s'habiller modestement est un péché, mais justifier de tes actes est bien pire. En étant honnête avec vous-même et en étant prêt à admettre vos transgressions, vous avez la possibilité de vous repentir, de changer et de faire pardonner. Reconnaître son péché est la première étape de la repentance. Comme tout autre acte de culte, l'acte de s'habiller modestement et de porter le Hijab exigera foi, sacrifice, discipline et patience. Le fait de s'habiller modestement renforcera votre relation avec votre Seigneur.

À mes chères sœurs trouvant du mal à suivre le chemin du Hijab, renforcez vos rituels de prière et votre lien avec Dieu et Son Livre. En Lui adressant vos prières, vous acceptez qu'Il vous aide. Priez et renforcez votre lien avec Dieu, dans la mesure où ces actes vous éloigneront des péchés et des actes illicites - en vous attribuant le pouvoir dont vous avez besoin pour résister aux forces du mal. Faites le premier pas maintenant et n'abandonnez jamais votre quête de la foi.

Portez le Hijab pour le seul amour de Dieu et ne tenez pas compte des parasites extérieurs, ignorez les regards et les commentaires des gens, et vous réaliserez que ce combat en vaut la peine. Vous réaliserez également que vous ne pourrez jamais faire plaisir aux gens et que plaire à votre Créateur est le chemin vers votre bien-être et votre sérénité. Notre Prophète, la paix soit avec lui, a rapporté : *'Quiconque cherche à plaire à Allah en s'attirant la colère des gens, Allah lui suffira et le protégera des gens. Et quiconque cherche à plaire aux gens en s'attirant la colère d'Allah, Allah le confiera aux gens.'* Entourez-vous de sœurs vertueuses et pratiquantes, et vous réalisez que votre valeur est trop importante pour être exposée à la vue de chaque homme. Et vous réaliserez, mes chères sœurs, que vous êtes les dernières véritables représentantes de la féminité sur cette Terre.

www.ingramcontent.com/pod-product-compliance
Lightning Source LLC
Chambersburg PA
CBHW020922140626
46545CB00015B/1244